I. 表示・標識の用語

※	Tachiiri kinshi たちいりきんし **立入禁止**
英語	キープ ア Keep
中国語	ジン ジー 禁止
ベトナム語	カム ヴァ Cấm vào
ポルトガル語	エントラーダ プロイビーダ Entrada proibida
ネパール語	プラベス ニセド प्रवेश निषेध
タイ語	ハーム カオ ห้ามเข้า
インドネシア語	ディララン マスッ(ク) Dilarang masuk
タガログ語	バーワル プマソック Bawal pumasok
クメール語	ハームチョール ហាមចូល
ミャンマー語	マ ウイン ヤ မဝင်ရ

I. 表示・標識の用語

※	Kaki genkin かきげんきん **火気厳禁**
英語	ハイリー　フレーマブル Highly Flammable
中国語	イエン ジン ホオ ジョーン 严禁火种
ベトナム語	カム　ルア Cấm lửa
ポルトガル語	プロイビード　アセンデー　フォーゴ Proibido acender fogo
ネパール語	アゴ　サクタ　ニセド आगो सख्त निषेध
タイ語	ハーム　チャイ　ファイ ห้ามใช้ไฟ
インドネシア語	ディラランムニャラカン　アピ Dilarang menyalakan api
タガログ語	マヒグピット　ナ　イピナグババーワル　アン　バーガイ　ナ　マパグムムラン　ナン　アポイ Mahigpit na ipinagbabawal ang bagay na mapagmumulan ng apoy
クメール語	ハーム　ナウ　チッ　コムダウ　プルーン ហាមនៅជិតកម្តៅភ្លើង
ミャンマー語	ミ　マ　トゥン　ヤ မီးမသုံးရ

※	Unten kinshi / kidô kinshi うんてんきんし／きどうきんし **運転禁止／起動禁止**
英語	オペレーション　プロヒビテッド／ドゥ　ノット　ターン　オン Operation prohibited / Do not turn on
中国語	ジン ジー ユイン ジュワン／ジン ジー チイ ドーン 禁止运转／禁止启动
ベトナム語	カム　ヴァン　ハン／カム　コイ　ドン Cấm vận hành/Cấm khởi động
ポルトガル語	プロイビード　コンドゥジー・プロイビード　オペラー Proibido conduzir/Proibido operar
ネパール語	チァラウナ　ニセド चलाउन निषेध
タイ語	ハーム　カップ　クルアン／ハーム　プゥート　チャイ　ガーン ห้ามขับเคลื่อน/ห้ามเปิดใช้งาน
インドネシア語	ディララン　ムンゴペラシカン Dilarang mengoperasikan
タガログ語	バーワル　パタクブヒン　/　バーワル　パアンダリン Bawal patakbuhin / Bawal paandarin
クメール語	ハーム　バウク　バンチア／　ハーム　バウク　ドムナウカー ហាមបើកបញ្ជា/ហាមបើកដំណើរការ
ミャンマー語	セ　マ　マウン　ヤ/セ　マ　ノー　ヤ စက်မမောင်းရ/စက်မနှိုးရ

I. 表示・標識の用語

※	tsûkô kinshi つうこうきんし 通行禁止
英語	ノー　スローフェアー No Thoroughfare
中国語	ジン ジー トーン シーン 禁止通行
ベトナム語	カム　ディ　ライ Cấm đi lại
ポルトガル語	パサジェン　プロイビーダ Passagem proibida
ネパール語	バト　バンダー बाटो बन्द
タイ語	ハーム　パーン ห้ามผ่าน
インドネシア語	ディラランレワッ(ト) Dilarang lewat
タガログ語	バーワル ドゥマアン Bawal dumaan
クメール語	ハーム　チュローン　カッ ហាមឆ្លងកាត់
ミャンマー語	ピェッ タン トゥァー ラ コイン マ ピュ ဖြတ်သန်းသွားလာခွင့်မပြု

※	Kaihô genkin かいほうげんきん **開放厳禁**
英語	キープ　クローズト Keep closed
中国語	イエン ジン カイ ファーン 严禁开放
ベトナム語	カム　モー Cấm mở
ポルトガル語	プロイビード　デイシャー　アベルト Proibido deixar aberto
ネパール語	クッラ　ラクナ　サクタ　ニセド खुल्ला राख्न सख्त मनाही
タイ語	ハーム　プゥート　ティン　ワイ ห้ามเปิดทิ้งไว้
インドネシア語	ピントゥ　ハルス　ディトゥトゥッ(プ) Pintu harus ditutup
タガログ語	マヒグピット　ナ　イピナグババーワル　アン　パグイーワン　ナカブカス Mahigpit na ipinagbabawal ang pag-iwang nakabukas
クメール語	ハーム　バウク　チョムホー ហាមបើកចំហ
ミャンマー語	テガー　ポインマダーヤ တံခါးဖွင့်မထားရ

Ⅰ. 表示・標識の用語

※	Dosoku genkin どそくげんきん **土足厳禁**
英語	ストリート　シューズ　ストリクトリィ　プロヒビテッド Street shoes strictly prohibited
中国語	イエン ジン チュワン シエ ゥルゥ ネイ 严禁穿鞋入内
ベトナム語	カム　ディ　ザイ　ズン　デー　ディ　ベン　ゴアイ Cấm đi giầy dùng để đi bên ngoài
ポルトガル語	プロイビード　アンダー　デ　サパト Proibido andar de sapato
ネパール語	バヒラ　ラガウネ　ズッタ　サクタ　ニゼド बाहिर लगाउने जुत्ता सख्त मनाही
タイ語	ハーム　スワム　ローンターオ　サイ　カン　ノーク　カオ　マー ห้ามสวมรองเท้าใส่ข้างนอกเข้ามา
インドネシア語	ディラランン　パカイ　スパトゥ Dilarang pakai sepatu
タガログ語	マヒグピット　ナ　イピナグババーワル　アン　パンラバス　ナ　サパートス Mahigpit na ipinagbabawal ang panlabas na sapatos
クメール語	ハーム　ペアッ　スバエクチューン ហាមពាក់ស្បែកជើង
ミャンマー語	パネ　マシーヤ ဖိနပ်မစီးရ

※	Shôkô kinshi しょうこうきんし **昇降禁止**
英語	アウセント／ディセント　プロヒビテッド Ascent/Descent prohibited
中国語	ジン ジー シュヨン ジアーン 禁止升降
ベトナム語	カム　レン　スオン Cấm lên xuống
ポルトガル語	プロイビード　スビー　オウ　デセー Proibido subir ou descer
ネパール語	ウクリナ　ラ　オルリナ　ニゼド उक्लिन र ओर्लिन निषेध
タイ語	ハーム　クン　ロン ห้ามขึ้นลง
インドネシア語	ディララン　ナイ(ク)／トゥルン Dilarang naik/turun
タガログ語	バーワル　ウマキャット　オ　ブマバ Bawal umakyat o bumaba
クメール語	ハーム　チョッ　ラウン ហាមចុះឡើង
ミャンマー語	アテ　アシン　マピュヤ အတက်အဆင်းမပြုရ

I. 表示・標識の用語

※	Tebukurochakuyô kinshi てぶくろちゃくようきんし **手袋着用禁止**
英語	グローブス　プロヒビテッド Gloves prohibited
中国語	ジン ジー ダイ ショウ タオ 禁止带手套
ベトナム語	カム　デオ　ガン　ターイ Cấm đeo găng tay
ポルトガル語	プロイビード　ウチリザー　ルバス Proibido utilizar luvas
ネパール語	パンザ　ラガウナ　ニセド पन्जा लगाउन निषेध
タイ語	ハーム　スワム　トゥン　ムー ห้ามสวมถุงมือ
インドネシア語	ディララン　パカイ　サルン　タンガン Dilarang pakai sarung tangan
タガログ語	バーワル　マグスオット　ナン　グワンテス Bawal magsuot ng guwantes
クメール語	ハーム　ペアッ　スラオムチューン ហាមពាក់ស្រោមដៃ
ミャンマー語	レッエッ　マウイッヤ လက်အိတ်မဝတ်ရ

※

Sawaruna

さわるな
触るな

英語	ドゥ ノット タッチ	Do not touch
中国語	ブゥ ヤオ チュウ モー	不要触摸
ベトナム語	コン ドゥオク ソー ヴァオ	Không được sờ vào
ポルトガル語	ナウン トケ	Não toque
ネパール語	ツナ マナヒ チァ	छुन मनाही छ।
タイ語	ハーム チャップ	ห้ามจับ
インドネシア語	ディララン ムニュントゥ	Dilarang menyentuh
タガログ語	フワッグ ハワカン	Huwag hawakan
クメール語	ハーム パッ ポアル	ហាមប៉ះពាល់
ミャンマー語	マティヤ	မထိရ

Ⅰ. 表示・標識の用語

	Teo ireruna てをいれるな **手を入れるな**
英語	ドゥ ノット プット ハンズ イン Do not put hands in
中国語	ブゥ ヤオ ジアーン ショウ シェン ゥルゥ 不要将手伸入
ベトナム語	コン ドゥオク チョー ターイ ヴァオ Không được cho tay vào
ポルトガル語	ナウン コロケ アス マウンス Não coloque as mãos
ネパール語	ハト ハルナー マナヒ チァ हात हाल्न मनाही छ।
タイ語	ハーム フゥーイ ムー カオ パイ ห้ามแหย่มือเข้าไป
インドネシア語	ディララン マスッ(ク)カン タンガン Dilarang memasukkan tangan
タガログ語	フワッグ イパーソック アン カマイ Huwag ipasok ang kamay
クメール語	ハーム ダッ ダイ チョール ហាមដាក់ដៃចូល
ミャンマー語	レッ マテッヤ လက်မထည့်ရ

Hashiruna

はしるな
走るな

英語	ドゥ ノット ラン Do not run
中国語	ブゥ ヤオ ベン パオ 不要奔跑
ベトナム語	コン ドゥオク チャイ Không được chạy
ポルトガル語	ナウン コハ Não corra
ネパール語	ダウダナ マナヒ チア दौड्न मनाही छ।
タイ語	ハーム ウィン ห้ามวิ่ง
インドネシア語	ディラランラリ Dilarang lari
タガログ語	フワッグ トゥマクボ Huwag tumakbo
クメール語	ハーム ロッ ហាមរត់
ミャンマー語	マピェーヤ မပြေးရ

I. 表示・標識の用語

	Noseruna のせるな 載せるな
英語	ドゥ ノット プレース オブジェクツ Do not place objects
中国語	ブゥ ヤオ ジュワーン ザイ 不要装载
ベトナム語	コン ドゥオク ダット チョン レン チェン Không được đặt chồng lên trên
ポルトガル語	ナウン エンピリャー Não empilhar
ネパール語	マティ ラクナ マナヒ チア माथि राख्न मनाही छ।
タイ語	ハーム ワーン シン コン ダーン ボン ห้ามวางสิ่งของด้านบน
インドネシア語	ディララン ムナル(フ) ブンダ Jangan menaruh benda
タガログ語	フワッグ パトゥンガン Huwag patungan
クメール語	ハーム ダッ ヴァト ហាមដាក់វត្ថុ
ミャンマー語	マテインヤ မတင်ရ

※	Kiken きけん **危険**
英語	ウォーニング Warning
中国語	ウエイ シエン 危险
ベトナム語	グイ　ヒエム Nguy hiểm
ポルトガル語	ペリゴ Perigo
ネパール語	カタラ खतरा
タイ語	アンタラーイ อันตราย
インドネシア語	バハヤ Bahaya
タガログ語	ババラ Babala
クメール語	クロタナッ គ្រោះថ្នាក់
ミャンマー語	アンダレ　シティ အန္တရာယ်ရှိသည်

I. 表示・標識の用語

※	Kôon chûi こうおんちゅうい **高温注意**
英語	ホット ドゥ ノット タッチ Hot, do not touch
中国語	ジュウ イー ガオ ウエン 注意高温
ベトナム語	ルウ イー ニエット ド カオ Lưu ý nhiệt độ cao
ポルトガル語	アテンサウン:テンペラトゥラ アウタ Atenção: temperatura alta
ネパール語	ウッチァ タプクラム ホシヤル उच्च तापक्रम होसियार
タイ語	ラワン ローン ระวังร้อน
インドネシア語	アワス パナス Awas panas
タガログ語	マグインガット サ マタアス ナ テンプラトゥーラ Mag-ingat sa mataas na temperatura
クメール語	プロヤッ クダウ ប្រយ័ត្នក្តៅ
ミャンマー語	アプチェイン ミィンティ အပူချိန်မြင့်သည်

※	Ashimoto chûi あしもとちゅうい **足元注意**
英語	ウォッチ　ユア　ステップ Watch your step
中国語	ジュウ イー ジアオ シア 注意脚下
ベトナム語	ルウ　イー　ズオイ　チャン Lưu ý dưới chân
ポルトガル語	アテンサウン　アオ　アンダー Atenção ao andar
ネパール語	パイラ　テクダ　ホシヤル पाइला टेक्दा होसियार
タイ語	ラワン　サドゥット ระวังสะดุด
インドネシア語	アワス　カキ Awas kaki
タガログ語	マグインガット　サ　パグハクパン Mag-ingat sa paghakbang
クメール語	プロヤッ　チョムヒアン　カーン　モック ប្រយ័ត្នជំហានខាងមុខ
ミャンマー語	チェタウ　タディターパー ခြေထောက်သတိထားပါ

Ⅰ. 表示・標識の用語

※	Zujô chûi ずじょうちゅうい **頭上注意**
英語	ウォッチ　ユア　ヘッド Watch your head
中国語	ジュウ イートウ シャーン 注意头上
ベトナム語	ルウ　イー　チェン　ダウ Lưu ý trên đầu
ポルトガル語	アテンサウン　コン　ア　カベーサ Atenção com a cabeça
ネパール語	タウコ　トクナバタ　ホシヤル टाउको ठोक्नबाट होसियार
タイ語	ラワン　シーサ ระวังศีรษะ
インドネシア語	アワス　クパラ Awas kepala
タガログ語	マグインガット　サ　ウロ Mag-ingat sa ulo
クメール語	プロヤッ　ルー　クバール ប្រយ័ត្នលើក្បាល
ミャンマー語	カウン　タディターパー ခေါင်းသတိထားပါ

Dansa chûi

だんさちゅうい
段差注意

英語	マインド ザ ギャップ Mind the gap
中国語	ジュウ イー ガオ ディー チャア 注意高低差
ベトナム語	ルウ イー コー チェーン レック ド カオ Lưu ý có chênh lệch độ cao
ポルトガル語	アテンサウン:デグラウ Atenção: degrau
ネパール語	クトキラマ ホシヤル खुट्किलामा होसियार
タイ語	ラワン プーン ターン ラダップ ระวังพื้นต่างระดับ
インドネシア語	アワス タンガ Awas tangga
タガログ語	マグインガット サ ヒンディ パタグ ナ ダアン Mag-ingat sa hindi patag na daan
クメール語	プロヤッ ウパサッ カーン モック ប្រយ័ត្នឧបសគ្គខាងមុខ
ミャンマー語	アティッ タディターパー အထစ်သတိထားပါ

	Kaihei chûi かいへいちゅうい **開閉注意**
英語	オープン　ウィズ　ケア Open with care
中国語	ジュウ イー カイ ビー 注意开闭
ベトナム語	ルウ　イー　キー　ドン　モー Lưu ý khi đóng mở
ポルトガル語	アブリー　コン　クイダード Abrir com cuidado
ネパール語	ドカ　コルダ　ラ　バンダ ガルダ　サバダヌ ढोका खोल्दा र बन्दा गर्दा सावधान
タイ語	ラワン　ウェラー　プゥート　ピット ระวังเวลาเปิดปิด
インドネシア語	ブカ／トゥトゥッ(プ)　ドゥンガン　ハティハティ Buka/tutup dengan hati-hati
タガログ語	マグインガット　サ　パグブカス　アット　パグサラ Mag-ingat sa pagbukas at pagsara
クメール語	プロヤッ　ペール　バウク　バッ ប្រយ័ត្នពេលបើកបិទ
ミャンマー語	アポイン　アペッ　タディターパー အဖွင့်အပိတ်သတိထားပါ

※	Kanden chûi かんでんちゅうい **感電注意**
英語	エレクトリカル　ハザード Electrical Hazard
中国語	シヤオ シン チユウ ディエン 小心触电
ベトナム語	ルウ　イー　ザット　ディエン Lưu ý giật điện
ポルトガル語	ペリゴ　デ　ショーケ Perigo de choque
ネパール語	カレント　ラグナバタ　ホシヤル करेन्ट लाग्नबाट होसियार
タイ語	ラワン　ファイファー　ショット ระวังไฟฟ้าช็อต
インドネシア語	アワス　セトル(ム) Awas setrum
タガログ語	マグインガット:　ナカカクリエンテ Mag-ingat: nakakakuryente
クメール語	プロヤッ　チョッ　アキサニー ប្រយ័ត្នឆក់អគ្គិសនី
ミャンマー語	デッライテッティ ဓာတ်လိုက်တတ်သည်

Ⅰ. 表示・標識の用語

※ 	Kaikôbu chûi かいこうぶちゅうい **開口部注意**
英語	テイク　ケア　アラウンド　オープニング Take care around opening
中国語	ジュウ イー カイ コウ ブゥ 注意开口部
ベトナム語	ルウ　イー　ボ　ファン　ホー Lưu ý bộ phận hở
ポルトガル語	アテンサウン　コン　ア　アベルトゥラ Atenção com a abertura
ネパール語	クルネ　ドカマ　ホシヤル खुल्ने ढोकामा होसियार
タイ語	ラワン　プーン　ティー　プゥート　ローン　ボン　プーン ระวังพื้นที่เปิดโล่งบนพื้น
インドネシア語	アワス　バギアン　トゥルブカ Awas bagian terbuka
タガログ語	マグインガット　サ　シワング Mag-ingat sa siwang
クメール語	プロヤッ　ロンダウ ប្រយ័ត្នរណ្តៅ
ミャンマー語	アパウ　タディターパー အပေါက်သတိထားပါ

点検中	Tenkenchû てんけんちゅう **点検中**
英語	アンダー　インスペクション Under Inspection
中国語	ジエン チャア ジョーン 检查中
ベトナム語	ダン　キエム　チャー Đang kiểm tra
ポルトガル語	エン　マヌテンサウン Em manutenção
ネパール語	ニリチェン　バイラヘコ निरीक्षण भइरहेको
タイ語	ガムラン　トルワット　ソープ กำลังตรวจสอบ
インドネシア語	スダン　インスペクシ Sedang inspeksi
タガログ語	イニインスペクション Iniinspeksyon
クメール語	コンポン　トゥルオッ　ピヌッ កំពុងត្រួតពិនិត្យ
ミャンマー語	シッセーセー စစ်ဆေးဆဲ

	Shûrichû しゅうりちゅう **修理中**
英語	アンダー　リペア Under Repair
中国語	ウエイ シウ ジョーン 维修中
ベトナム語	ダン　スア　チャア Đang sửa chữa
ポルトガル語	エン　ヘパロス Em reparos
ネパール語	マルマト　サンバル　カリャ　フンダイ　チア मर्मत सम्भार कार्य हुँदै छ।
タイ語	ガムラン　ソームセーム กำลังซ่อมแซม
インドネシア語	スダン　ディプルバイキ Sedang diperbaiki
タガログ語	キヌクンプニ Kinukumpuni
クメール語	コンポン　チュオ　チョル កំពុងជួសជុល
ミャンマー語	ピィンシンセー ပြင်ဆင်ဆဲ

故障中	Koshôchû こしょうちゅう **故障中**
英語	アウトブ　オーダー Out of order
中国語	グゥ ジャーン ジョーン 故障中
ベトナム語	ダン　ホン Đang hỏng
ポルトガル語	コン　デフェイト Com defeito
ネパール語	ビグリエコ　チア बिग्रिएको छ।
タイ語	シアハーイ　ユー เสียหายอยู่
インドネシア語	スダン　ルサッ(ク) Sedang rusak
タガログ語	シラ Sira
クメール語	コーイ　ドムナウカー ខូចដំណើរការ
ミャンマー語	ピェッネティ ပျက်နေသည်

※

Aizu/Aizukakunin

あいず／あいずかくにん

合図／合図確認

英語	シグナル／ウォッチ　フォー　シグナル Signal / Watch for signal
中国語	シン ハオ ／ チュエ ゥレン シン ハオ 信号／确认信号
ベトナム語	ザー　ヒエウ／サック　ニャン　アム　ヒエウ Ra hiệu/ xác nhận ám hiệu
ポルトガル語	シナウ・シェカー　シナウ Sinal/Checar sinal
ネパール語	サンケト／サンケトライ　ラムラリ　ヘルネ संकेत/संकेतलाई राम्ररी हेर्नै
タイ語	ハイ　サンヤーン／トルワット　ソープ　サンヤーン ให้สัญญาณ/ตรวจสอบสัญญาณ
インドネシア語	タンダ／パスティカン　タンダ Tanda/pastikan tanda
タガログ語	セニャス　/　ティヤキン　アン　セニャス Senyas / Tiyakin ang senyas
クメール語	プドル　ソンニャー　/　トトール　サンニャー ផ្ដល់សញ្ញា/ទទួលសញ្ញា
ミャンマー語	アチェッピャチン／アチェッピャム　シッセーチン အချက်ပြခြင်း/အချက်ပြမှုစစ်ဆေးခြင်း

左右	Sayû kakunin さゆうかくにん **左右確認**
英語	ルック ボス ウェイズ Look both ways
中国語	チュエ ゥレン ズゥオ ヨウ 确认左右
ベトナム語	キエム チャー ファイ チャイ Kiểm tra phải, trái
ポルトガル語	シェカー エスケルダ エ ジレイタ Checar esquerda e direita
ネパール語	ダヤ バヤ ヘルネ दायाँ बायाँ हेर्ने
タイ語	モーン サーイ モーン クワー มองซ้ายมองขวา
インドネシア語	リハッ(ト) キリ／カナン Lihat kiri/kanan
タガログ語	ティヤキン アン カリワ アット カナン Tiyakin ang kaliwa at kanan
クメール語	ピヌッ チュヴェーン スダム ពិនិត្យឆ្វេងស្តាំ
ミャンマー語	ベニャー シッセーチン ဘယ်ညာစစ်ဆေးခြင်း

I. 表示・標識の用語

止まれ	Ichijiteishi いちじていし **一時停止**
英語	ストップ Stop
中国語	ザン ティーン 暂停
ベトナム語	タム ズン Tạm dừng
ポルトガル語	パラダーダ テンポラーリア Parada temporária
ネパール語	エク チン ロクネ एक छिन रोक्ने
タイ語	ユット หยุด
インドネシア語	ストッ(プ) Stop
タガログ語	パンサマンタラン フミント Pansamantalang huminto
クメール語	プアッ ボンド アソン ផ្អាកបណ្ដោះអាសន្ន
ミャンマー語	キッタ イェッサインチン ခေတ္တရပ်ဆိုင်းခြင်း

※

Hogogu chakuyô

ほごぐちゃくよう

保護具着用

英語	ウェア プロテクティブ イクウィップメント Wear protective equipment
中国語	チュワン ダイ ファーン ホゥ ヨーン ジュイ 穿戴防护用具
ベトナム語	スー ズン ズン ク バオ ホ Sử dụng dụng cụ bảo hộ
ポルトガル語	ウザー エキパメント デ プロテサウン Usar equipamento de proteção
ネパール語	スラクチャ ルガ タアタ バストゥ ラガウネ सुरक्षा लुगा तथा बस्तु लगाउने
タイ語	スワム ウパゴーン ポーンガン สวมอุปกรณ์ป้องกัน
インドネシア語	パカイ アラッ(ト) プリンドゥン Pakai alat pelindung
タガログ語	マグスオット ナン カガミタング パンプロテクタ Magsuot ng kagamitang pamprotekta
クメール語	ペアッ ウパコー カーピア ពាក់ឧបករណ៍ការពារ
ミャンマー語	アカーアクェーミャー ウィッシンパー အကာအကွယ်များဝတ်ဆင်ပါ

※	Mimisen chakuyô みみせんちゃくよう **耳栓着用**
英語	ウェア イア プロテクション Wear ear protection
中国語	ダイ シャーン アル サイ 戴上耳塞
ベトナム語	スー ズン ビット タイ Sử dụng bịt tai
ポルトガル語	ウザー プロテトー アウリクラー Usar protetor auricular
ネパール語	カン バンダ ガルネ バストゥ ラガウネ कान बन्द गर्ने बस्तु लगाउने
タイ語	スワム ティー ウット フー สวมที่อุดหู
インドネシア語	パカイ プリンドゥン トゥリンガ Pakai pelindung telinga
タガログ語	マグスオット ナン パンパサック サ テンガ Magsuot ng pampasak sa tainga
クメール語	ペア チュノッ トロチア ពាក់ឆ្នុកត្រចៀក
ミャンマー語	ナーアカ テッパー နားအကာတပ်ပါ

	Bôjinmasuku chakuyô ぼうじんますくちゃくよう **防じんマスク着用**
英語	ウェア　ダスト　マスク Wear dust mask
中国語	ダイ シャーン ファーン チェン ミエン ジャオ 戴上防尘面罩
ベトナム語	デオ　マット　ナ　チョン　ブイ Đeo mặt nạ chống bụi
ポルトガル語	ウザー　マスカラ　コントラ　ポエイラ Usar máscara contra poeira
ネパール語	ドゥロ　マスク　ラガウネ धूलो मास्क लगाउने
タイ語	スワム　ナー　ガーク　ガン　フン สวมหน้ากากกันฝุ่น
インドネシア語	パカイ　マスクル　デゥブ Pakai masker debu
タガログ語	マグスオット　ナン　ダスト　マスク Magsuot ng dust mask
クメール語	ペア　マッ　カーピア　コムテイ　ピアック　ラアッ ពាក់ម៉ាសការពារកម្ទេចភាគល្អិត
ミャンマー語	ポンカー　テッパー ဖုန်ကာတပ်ပါ

※	Bôdokumasuku chakuyô ぼうどくますくちゃくよう **防毒マスク着用**
英語	ウェア　ガス　マスク Wear gas mask
中国語	ダイ シャーン ファーン ドゥ ミエン ジャオ 戴上防毒面罩
ベトナム語	デオ　マット　ナ　チョン　ドック Đeo mặt nạ chống độc
ポルトガル語	ウザー　マスカラ　アンチカス Usar máscara antigás
ネパール語	ギャス　マスク　ラガウネ ग्याँस मास्क लगाउने
タイ語	スワム　ナー　ガーク　ガン　サーン　ピット สวมหน้ากากกันสารพิษ
インドネシア語	パカイ　マスクル　ガス Pakai masker gas
タガログ語	マグスオット　ナン　ガス　マスク Magsuot ng gas mask
クメール語	ペア　マッ　カーピア　サーロティアッ　ポル ពាក់ម៉ាសការពារសារធាតុពុល
ミャンマー語	デッグエッカー　テッパー ဓာတ်ငွေ့ကာတပ်ပါ

※	Hogomegane chakuyô ほごめがねちゃくよう **保護めがね着用**
英語	ウェア　セイフティ　ガグルズ Wear safety goggles
中国語	ダイ シャーン ファーン ホゥ ジーン 戴上防护镜
ベトナム語	デオ　キン　バオ　ホ Đeo kính bảo hộ
ポルトガル語	ウザー　オークロス　デ　プロテサウン Usar óculos de proteção
ネパール語	スラクチャ　チァスマ　ラガウネ सुरक्षा चस्मा लगाउने
タイ語	スワム　ウェンター　ニラパイ สวมแว่นตานิรภัย
インドネシア語	パカイ　カチャマタ　プリンドゥン Pakai kacamata pelindung
タガログ語	マグスオット　ナン　サラミング　パンプロテクタ Magsuot ng salaming pamprotekta
クメール語	ペア　ヴァエンター　カーピア ពាក់វ៉ែនតាការពារ
ミャンマー語	アカーアクエー　ミエッメン　テッパー အကာအကွယ်မျက်မှန်တပ်ပါ

Ⅰ. 表示・標識の用語

※	Anzentai chakuyô あんぜんたいちゃくよう **安全帯着用**
英語	ウェア セイフティ ベルト Wear safety belt
中国語	シイ シャーン アン チュエン ダイ 系上安全带
ベトナム語	タット ダイ アン トアン Thắt đai an toàn
ポルトガル語	ウザー シント デ セグランサ Usar cinto de segurança
ネパール語	スラクチャ ペティ バドネ सुरक्षा पेटी बाँध्ने
タイ語	スワム ケムカット ニラパイ สวมเข็มขัดนิรภัย
インドネシア語	パカイ サブッ(ク) プンガマン Pakai sabuk pengaman
タガログ語	マグスオット ナン シントゥロング パンカリグタサン Magsuot ng sinturong pangkaligtasan
クメール語	ペア クサエ クロヴァッ サヴァタピアップ ពាក់ខ្សែក្រវាត់សុវត្ថិភាព
ミャンマー語	ロンチョンイェー カーペッ ペッパー လုံခြုံရေးခါးပတ်ပတ်ပါ

※

Hogobô chakuyô

ほごぼうちゃくよう
保護帽着用

英語	ウェア セイフティ ハウメット Wear safety helmet
中国語	ダイ シャーン アン チュエン マオ 戴上安全帽
ベトナム語	ドイ ムー バオ ホ Đội mũ bảo hộ
ポルトガル語	ウザー シャペウ デ セグランサ Usar chapéu de segurança
ネパール語	ヘルメット ラガウネ हेल्मेट लगाउने
タイ語	スワム ムワック ニラパイ สวมหมวกนิรภัย
インドネシア語	パカイ トピ プリンドゥン Pakai topi pelindung
タガログ語	マグスオット ナン ヘルメット ナ パンプロテクタ Magsuot ng helmet na pamprotekta
クメール語	ペア ムオッ カーピア ពាក់មួកការពារ
ミャンマー語	アカーアクェー オットゥアマー ウイッパー အကာအကွယ်ဦးထုပ်အမြဲဝတ်ပါ

I. 表示・標識の用語

※	Tebukuro chakuyô てぶくろちゃくよう **手袋着用**
英語	ウェア プロテクティブ グラブズ Wear protective gloves
中国語	ダイ シャーン ショウ タオ 戴上手套
ベトナム語	デオ ガン ターイ Đeo găng tay
ポルトガル語	ウザー ルーバス Usar luvas
ネパール語	パンザ ラガウネ पन्जा लगाउने
タイ語	スワム トゥン ムー สวมถุงมือ
インドネシア語	パカイ サルン タンガン Pakai sarung tangan
タガログ語	マグスオット ナン グワンテス Magsuot ng guwantes
クメール語	ペア スラオム ダイ ពាក់ស្រោមដៃ
ミャンマー語	レッエッ ウイッパー လက်အိတ်ဝတ်ပါ

	Anzengutsu chakuyô あんぜんぐつちゃくよう **安全靴着用**
英語	ウェア　セイフティ　シューズ Wear safety shoes
中国語	チュワン シャーン ファーン ホゥ シュエ 穿上防护靴
ベトナム語	ディ　ザイ　バオ　ホ Đi giầy bảo hộ
ポルトガル語	ウザー　カウサード　デ　セグランサ Usar calçado de segurança
ネパール語	スラクチャ　ズッタ　ラガウネ सुरक्षा जुत्ता लगाउने
タイ語	スワム　ローンターオ　ニラパイ สวมรองเท้านิรภัย
インドネシア語	パカイ　スパトゥ　プンガマン Pakai sepatu pengaman
タガログ語	マグスオット　ナン　サパートス　ナ　パンカリグタサン Magsuot ng sapatos na pangkaligtasan
クメール語	ペア　スバエクチューン　サヴァタピアップ ពាក់ស្បែកជើងសុវត្ថិភាព
ミャンマー語	ロンチョンイェー　パネッ　ウイッパー လုံခြုံရေးဖိနပ်ဝတ်ပါ

I. 表示・標識の用語

※	Tearai reikô て あ ら い れ い こ う **手洗い励行**
英語	ワッシュ ユア ハンズ Wash your hands
中国語	チン シイ ショウ 勤洗手
ベトナム語	ファイ トゥック ヒエン ズア ターイ Phải thực hiện rửa tay
ポルトガル語	ラベ ベン アス マウンス Lave bem as mãos
ネパール語	ハアト デゥナ ジォド ディネ हात धुन जोड दिने
タイ語	ガルナー ラーン ムー กรุณาล้างมือ
インドネシア語	チュチ タンガン アンダ Cuci tangan Anda
タガログ語	マグフガス ナン カマイ Maghugas ng kamay
クメール語	ソーム リエン ダイ សូមលាងដៃ
ミャンマー語	レッセーパー လက်ဆေးပါ

	Seiri・Seiton・Seisô・Seiketsu (Yon esu) せいり・せいとん・せいそう・せいけつ (よんえす) **整理・整頓・清掃・清潔 (4S)**
英語	ソート・セティノーダー・シャーイン　エンド　ステンドダイズ Sort, Set in order, Shine and Standardize
中国語	ジュヨン リー・ジュヨン ドゥン・チーン サオ・チーン ジエ 整理・整顿・清扫・清洁
ベトナム語	サップ　セップ・サン　ロック・クエット　ゾン・サック　セー Sắp xếp, sàng lọc, quét dọn, sạch sẽ
ポルトガル語	オルガニザサウン・オルデナサウン・リンペーザ・イジエニ Organização, ordenação, limpeza, higiene
ネパール語	ベバスティート　ルパマ　ミラエラ　ラクネ　ラ　サルサファイ　ガルネ व्यवस्थित रूपमा मिलाएर राख्ने र सरसफाइ गर्ने
タイ語	ササーン-サドゥワック-サアート-スックラクサナ (シー　シー) สะสาง-สะดวก-สะอาด-สุขลักษณะ (4ส)
インドネシア語	リンカス・ラピ・レシッ(ク)、ラワッ(ト) Ringkas, Rapi, Resik, Rawat
タガログ語	パグブブコッドブコッド、パグリリグピット、パグリリニス、カリニサン Pagbubukod-bukod, Pagliligpit, Paglilinis, Kalinisan
クメール語	リアップロイ、ミエン　ソンダップ　タノアップ、スアー　バー、ミエン　アナマイ រៀបរយ មានសណ្ដាប់ធ្នាប់ ស្អាតបាត មានអនាម័យ
ミャンマー語	アミョーアサー　クェーパー、アシアシンタチャ　ターパー、テンシンパー、サンノン　シッセーパー အမျိုးအစားခွဲပါ၊ အစီအစဉ်တကျထားပါ၊ သန့်ရှင်းပါ၊ စံနှုန်းစစ်ဆေးပါ

I. 表示・標識の用語

Anzen tsûro

あんぜんつうろ

安全通路

英語	セイフティ アイル Safety aisle
中国語	アン チュエン トーン ダオ 安全通道
ベトナム語	ドゥオン アン トアン Đường an toàn
ポルトガル語	コヘドー デ セグランサ Corredor de segurança
ネパール語	スラックチト バトー सुरक्षित बाटो
タイ語	ターン ドゥーン プロートパイ ทางเดินปลอดภัย
インドネシア語	ジャラン リンタサン アマン Jalan lintasan aman
タガログ語	リグタス ナ パシリョ Ligtas na pasilyo
クメール語	プラウ サヴァタピアップ ផ្លូវសុវត្ថិភាព
ミャンマー語	ロンチョンイェーラン လုံခြုံရေးလမ်း

<table>
<tr><td></td><td>Hijôguchi
ひじょうぐち
非常口</td></tr>
<tr><td>英語</td><td>イマジェンシー　エグゼット
Emergency exit</td></tr>
<tr><td>中国語</td><td>ジン ジー チュウ コウ
紧急出口</td></tr>
<tr><td>ベトナム語</td><td>クア　トァット　ヒエム
Cửa thoát hiểm</td></tr>
<tr><td>ポルトガル語</td><td>サイーダ　デ　エメルジェンシア
Saída de emergência</td></tr>
<tr><td>ネパール語</td><td>アパトカリン　ドカ
आपतकालीन ढोका</td></tr>
<tr><td>タイ語</td><td>プラトゥー　チュクチューン
ประตูฉุกเฉิน</td></tr>
<tr><td>インドネシア語</td><td>ピントゥ　ダルラッ(ト)
Pintu darurat</td></tr>
<tr><td>タガログ語</td><td>ラバサング　パンエマージェンシー
Labasang pang-emergency</td></tr>
<tr><td>クメール語</td><td>チュローク　アソン
ច្រកអាសន្ន</td></tr>
<tr><td>ミャンマー語</td><td>アイェーポー　ドェッパウッ
အရေးပေါ်ထွက်ပေါက်</td></tr>
</table>

I. 表示・標識の用語

	Hijôkaidan ひじょうかいだん **非常階段**
英語	イマジェンシー　ステアケイス Emergency staircase
中国語	シュウ サン ロウ ティー 疏散楼梯
ベトナム語	カウ　タン　トァット　ヒエム Cầu thang thoát hiểm
ポルトガル語	エスカダ　デ　エメルジェンシア Escada de emergência
ネパール語	アパトカリン　バリャング आपतकालीन　भर्याङ्ग
タイ語	バンダイ　チュクチューン บันไดฉุกเฉิน
インドネシア語	タンガ　ダルラッ(ト) Tangga darurat
タガログ語	ハグダナング　パンエマージェンシー Hagdanang pang-emergency
クメール語	チョンダウ　アソン ជណ្តើរអាសន្ន
ミャンマー語	アイェーポー　レカー အရေးပေါ်လှေကား

	Kyûgosho きゅうごしょ 救護所
英語	ファーストエイド　ステイション First-aid station
中国語	ジウ ホゥ ジャン 救护站
ベトナム語	ノイ　クウ　ホ Nơi cứu hộ
ポルトガル語	ポスト　デ　プリメイロス　ソコーホス Posto de primeiros socorros
ネパール語	プラタミク　ウパチャル　カクチャ प्राथमिक उपचार कक्ष
タイ語	ジュット　パトムパヤバーン จุดปฐมพยาบาล
インドネシア語	トゥンパッ(ト)　ペーティガカー Tempat P3K
タガログ語	ヒンピランッグ　パンファースト　エイド Himpilang pang-first aid
クメール語	ティー　ソンクロ　ボントアン ទីសង្គ្រោះបន្ទាន់
ミャンマー語	チェッチェーニ ကြက်ခြေနီ

I. 表示・標識の用語

※	Kyûkyûbako きゅうきゅうばこ **救急箱**
英語	ファーステイド　キィット First-aid kit
中国語	ジー ジウ シアーン 急救箱
ベトナム語	ホップ　クウ　トゥオン Hộp cứu thương
ポルトガル語	カイシャ　デ　プリメイロス　ソコーホス Caixa de primeiros socorros
ネパール語	プラタミク　ウパチァル　バカス प्राथमिक उपचार बाकस
タイ語	チュット　パトムパヤバーン ชุดปฐมพยาบาล
インドネシア語	コタッ(ク)　ペーティガカー Kotak P3K
タガログ語	ファースト　エイド　キット First aid kit
クメール語	プロオップ　ソンクロ　ボントアン ប្រអប់សង្គ្រោះបន្ទាន់
ミャンマー語	チェッチェーニボン ကြက်ခြေနီပုံး

Shôkaki

しょうかき

消火器

英語	ファイア イクスティングゥシャー Fire extinguisher
中国語	ミエ ホオ チイ 灭火器
ベトナム語	ビン クウ ホア Bình cứu hỏa
ポルトガル語	エスチントー デ インセンジオ Extintor de incêndio
ネパール語	アゴ ニバウネ エントラ आगो निभाउने यन्त्र
タイ語	タン ダップ プルーン ถังดับเพลิง
インドネシア語	アラッ(ト) プマダ(ム) アピ Alat pemadam api
タガログ語	パマタイ スノッグ Pamatay-sunog
クメール語	ウパコー ポンルオッ アキペイ ឧបករណ៍ពន្លត់អគ្គីភ័យ
ミャンマー語	ミーテッ セーブー မီးသတ်ဆေးဗူး

I. 表示・標識の用語

	Shôkasen しょうかせん **消火栓**
英語	ファイア　ハイドリント Fire hydrant
中国語	ミエ ホオ シュワン 灭火栓
ベトナム語	ヴォイ　クウ　ホア Vòi cứu hỏa
ポルトガル語	イドランチ Hidrante
ネパール語	アゴ　ニバウネ　パニ　タンネ　パイプ आगो निभाउन पानी तान्ने पाइप
タイ語	フアチャーイ　ナーム　ダッププルーン หัวจ่ายน้ำดับเพลิง
インドネシア語	ヒドゥラン　プマダ(ム)　アピ Hidran pemadam kebakaran
タガログ語	ボカ　インセンジョ Boka insendiyo
クメール語	プロポープ　タック　ソムラップ　ポンルオッ　アキペイ ប្រភពទឹកសម្រាប់ពន្លត់អគ្គីភ័យ
ミャンマー語	ミーテッ　ボンバインカウン မီးသတ်ဘုံဘိုင်ခေါင်း

Kinkyûyô shawâ

きんきゅうようしゃわー

緊急用シャワー

英語	イマジェンシー　シャワ Emergency shower
中国語	イーン ジー リン ユイ 应急淋浴
ベトナム語	ヴォイ　ホア　セン　ズン　キー　カン　カップ Vòi hoa sen dùng khi khẩn cấp
ポルトガル語	シュベイロ　パラ　エメルジェンシア Chuveiro para emergência
ネパール語	アパトカリン　ヌハウネ　ダラ आपतकालिन नुहाउने धारा
タイ語	チャムラ　ラーン　チュクチューン ชำระล้างฉุกเฉิน
インドネシア語	シャワール　ウントゥッ(ク)　ダルラッ(ト) Shower untuk darurat
タガログ語	シャワー　ナ　パンエマージェンシー Shower na pang-emergency
クメール語	プカーチューク　プラウ　ペール　アソン ផ្កាឈូកប្រើពេលអាសន្ន
ミャンマー語	アイェーポートン　イェーパイッ အရေးပေါ်သုံးရေပိုက်

I. 表示・標識の用語

	Senganki せんがんき 洗眼器
英語	アイ ワシャー Eye washer
中国語	シイ イエン ジー 洗眼机
ベトナム語	マーイ ズア マット Máy rửa mắt
ポルトガル語	マーキナ パラ ラバー オス オリョス Máquina para lavar os olhos
ネパール語	アンカ デゥネ ウパカラン आँखा धुने उपकरण
タイ語	アーン ラーン ター อ่างล้างตา
インドネシア語	アラッ(ト) プンチュチ マタ Alat pencuci mata
タガログ語	パンフガス ナン マタ Panghugas ng mata
クメール語	ウパコー リエン プネーク ឧបករណ៍លាងភ្នែក
ミャンマー語	ミャッロンセー カリヤー မျက်လုံးဆေးကိရိယာ

	Kasai keihôki かさいけいほうき **火災警報器**
英語	ファイ アラーム Fire alarm
中国語	ホオ ザイ ジーン バオ チイ 火灾警报器
ベトナム語	マーイ バオ ホア ホアン Máy báo hỏa hoạn
ポルトガル語	アラルメ デ インセンジオ Alarme de incêndio
ネパール語	アゴ ラゲコ チェタオニ ディネ ガンティ आगो लागेको चेतावनी दिने घण्टी
タイ語	ウパゴーン トゥアン アッキーパイ อุปกรณ์เตือนอัคคีภัย
インドネシア語	アラル(ム) クバカラン Alarm kebakaran
タガログ語	アラーマ サ スノッグ Alarma sa sunog
クメール語	ウパコー プロカッ アソン オンピー アキペイ ឧបករណ៍ប្រកាសអាសន្នអំពីអគ្គីភ័យ
ミャンマー語	ミータディペー カウンラウン မီးသတိပေးခေါင်းလောင်း

Ⅱ. 事故の型・疾病・危険有害要因

	Tsuiraku ついらく **墜落**
英語	フォーリン (フォール フロム ハイ プレイス) Falling (Fall from high place)
中国語	ジュウエイ ルオ 坠落
ベトナム語	ガー トゥー チェン カオ スオン Ngã từ trên cao xuống
ポルトガル語	ケダ Queda
ネパール語	アグロ タウバタ カセコ अग्लो ठाउँबाट खसेको
タイ語	トック ヂャーク ティー スーン ตกจากที่สูง
インドネシア語	ジャトゥ(フ) ダリ トゥンパッ(ト) ティンギ Jatuh dari tempat tinggi
タガログ語	パグバグサック(ムラ サ マタアス ナ ルガール) Pagbagsak (mula sa mataas na lugar)
クメール語	カー トレアッ ការធ្លាក់
ミャンマー語	ピョッチャチン ပြုတ်ကျခြင်း

	Tenraku てんらく **転落**
英語	フォーリン　(フォール　ダウン　スロウプ) Falling (Fall down slope)
中国語	ディエ ルオ 跌落
ベトナム語	ガー　スオン Ngã xuống
ポルトガル語	エスコヘガメント Escorregamento
ネパール語	アグロ　タウバタ　ラデコ अग्लो ठाउँबाट लडेको
タイ語	トック　ヂャーク　ターン　ラート　チャン ตกจากทางลาดชัน
インドネシア語	ジャトゥ(フ)　ダリ　タンジャカン Jatuh dari tanjakan
タガログ語	パッカフログ　(ムラ　サ　スロープ) Pagkahulog (mula sa slope)
クメール語	カー　ロアル　トレアッ ការរអិលធ្លាក់
ミャンマー語	レインチャチン လိမ့်ကျခြင်း

	Tentô てんとう **転倒**
英語	スタンボル Stumble
中国語	ディエ ダオ 跌倒
ベトナム語	ガー Ngã
ポルトガル語	トロペソ Tropeço
ネパール語	ブイマ ラデコ भूँइमा लडेको
タイ語	サドゥット สะดุด
インドネシア語	トゥルサンドゥン ジャトゥ(フ) Tersandung jatuh
タガログ語	パッカトゥンパ Pagkatumba
クメール語	カー チョンポッ チューン ドゥオル ការចំពប់ជើងដួល
ミャンマー語	カロッタイッレチン ခလုတ်တိုက်လဲခြင်း

Gekitotsu

げきとつ
激突

英語	カリジョン Collision
中国語	ジュイ リエ チョーン ジュワーン 剧烈冲撞
ベトナム語	ダム ヴァ Đâm va
ポルトガル語	コリザウン Colisão
ネパール語	トケコ ठोकेको
タイ語	チョン パタ ชนปะทะ
インドネシア語	トゥルブントゥル Terbentur
タガログ語	パッカバンガ Pagkabangga
クメール語	カー パッ トンケイ ការប៉ះទង្គិច
ミャンマー語	タイッミチン တိုက်မိခြင်း

Ⅱ. 事故の型・疾病・危険有害要因

	Hirai ひらい 飛来
英語	アブジェクト カームス フライン Object comes flying
中国語	フェイ ライ 飞来
ベトナム語	バーイ デン Bay đến
ポルトガル語	プロジェーテイス Projéteis
ネパール語	ウデラ アエコ उडेर आएको
タイ語	ローイ プン マー チョン ลอยพุ่งมาชน
インドネシア語	ブンダ トゥルレンパル Benda terlempar
タガログ語	パグタマ サ カタワン ナン バガイ ナ ナパリパッド Pagtama sa katawan ng bagay na napalipad
クメール語	カー パッ トロウ ヴァト ホッ ピー チョムガーイ ការប៉ះត្រូវវត្ថុហោះពីចម្ងាយ
ミャンマー語	ピィッシー ピェインラーチン ပစ္စည်းပျံလာခြင်း

	Rakka らっか **落下**
英語	フォーリン　オブジェクト Falling object
中国語	ルオ シア 落下
ベトナム語	ゾイ　スオン Rơi xuống
ポルトガル語	デスペンカメント Despencamento
ネパール語	カセコ खसेको
タイ語	コン　トック　サイ ของตกใส่
インドネシア語	ブンダ　ジャトゥ(フ) Benda jatuh
タガログ語	パグバグサック　ナン　ガミット Pagbagsak ng gamit
クメール語	カー　パッ　トロウ　ヴァト　トレアッ　チョッ　モーク ការប៉ះត្រូវវត្ថុធ្លាក់ចុះមក
ミャンマー語	ピィッシー　ピョッチャラーチン ပစ္စည်းပြုတ်ကျလာခြင်း

Ⅱ. 事故の型・疾病・危険有害要因

	Hasamare は さ ま れ **はさまれ**
英語	コーツィン Caught in
中国語	ジア ジュウ 夹住
ベトナム語	ビ ケップ Bị kẹp
ポルトガル語	インプレンサメント Imprensamento
ネパール語	チャペコ च्यापेको
タイ語	トゥーク ニープ ถูกหนีบ
インドネシア語	トゥルジュピッ(ト) Terjepit
タガログ語	パグカイピット Pagkaipit
クメール語	カー キアップ チョアップ ការគាបជាប់
ミャンマー語	ニェッチン ညပ်ခြင်း

Makikomare

まきこまれ

巻き込まれ

英語	ローディン Rolled in
中国語	ジュエン ゥルゥ 卷入
ベトナム語	ビ クオン ヴァオ Bị cuốn vào
ポルトガル語	エスマガメント Esmagamento
ネパール語	ベリエコ बेरिएको
タイ語	トゥーク ドゥート カオ パイ ถูกดูดเข้าไป
インドネシア語	トゥルグルン マスッ(ク) Tergulung masuk
タガログ語	パグカサビット Pagkasabit
クメール語	カー ロムオル チョール ការរមូលចូល
ミャンマー語	レインウインチン လိမ့်ဝင်ခြင်း

Ⅱ. 事故の型・疾病・危険有害要因

	Kire き　れ **切れ**
英語	カット Cut
中国語	ホワ ポー 划破
ベトナム語	ビ ドゥット Bị đứt
ポルトガル語	コルチ Corte
ネパール語	チゥデコ चुँडेको
タイ語	トゥーク　バード ถูกบาด
インドネシア語	トゥルイリス Teriris
タガログ語	パグカヒワ Pagkahiwa
クメール語	カー　モッ ការមុត
ミャンマー語	ピェッシャチン ပြတ်ရှခြင်း

Kosure こ　す　れ **こすれ**	
英語	アベイション Abrasion
中国語	モー ツァー 摩擦
ベトナム語	ビ　スオック　サット Bị xước xát
ポルトガル語	ラスパウン Raspão
ネパール語	ギスリエコ घिस्रिएको
タイ語	シヤット　シー　タローク เสียดสีถลอก
インドネシア語	トゥルゴレス Tergores
タガログ語	パグカガスガス Pagkagasgas
クメール語	カー　コークッ ការកកិត
ミャンマー語	プンチン ပွန်းခြင်း

Ⅱ. 事故の型・疾病・危険有害要因

	Yôtsû ようつう 腰痛
英語	ロウ　バック　ペイン Low back pain
中国語	ヤオ トーン 腰痛
ベトナム語	ドァウ　ルン Đau lưng
ポルトガル語	ドール　ロンバー Dor lombar
ネパール語	ダドコ　デゥカイ ढाडको दुखाई
タイ語	プワット　エオ ปวดเอว
インドネシア語	サキッ(ト)　ピンガン Sakit pinggang
タガログ語	パナナキット　ナン　リコッド Pananakit ng likod
クメール語	チュー　チョンケッ ឈឺចង្កេះ
ミャンマー語	カーナーチン ခါးနာခြင်း

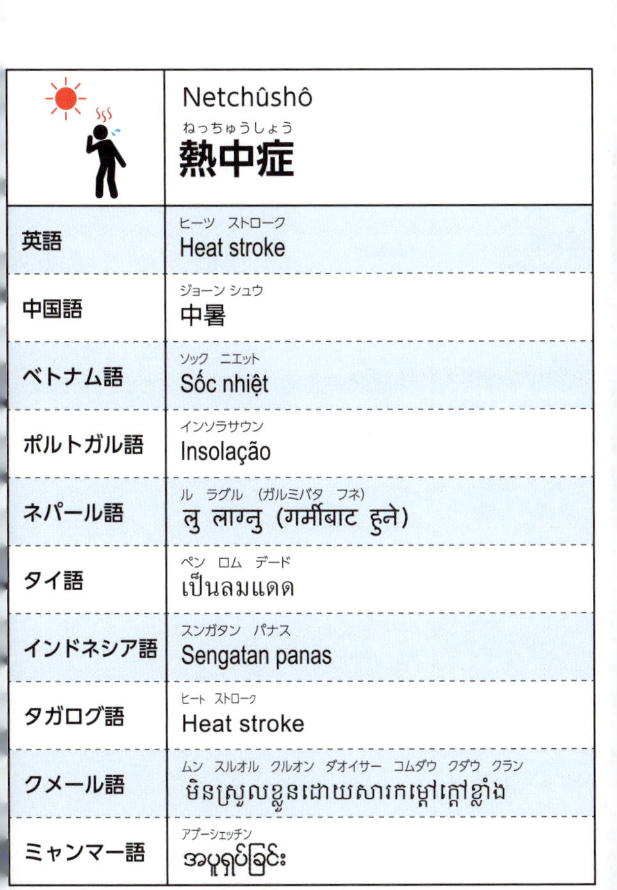

	Netchûshô ねっちゅうしょう 熱中症
英語	ヒーツ ストローク Heat stroke
中国語	ジョーン シュウ 中暑
ベトナム語	ソック ニエット Sốc nhiệt
ポルトガル語	インソラサウン Insolação
ネパール語	ル ラグル (ガルミバタ フネ) लु लाग्नु (गर्मीबाट हुने)
タイ語	ペン ロム デード เป็นลมแดด
インドネシア語	スンガタン パナス Sengatan panas
タガログ語	ヒート ストローク Heat stroke
クメール語	ムン スルオル クルオン ダオイサー コムダウ クダウ クラン មិនស្រួលខ្លួនដោយសារកម្ដៅក្ដៅខ្លាំង
ミャンマー語	アプーシェッチン အပူရှပ်ခြင်း

O_2	Sanketsu(Sanso ketsubôshô) さんけつ(さんそけつぼうしょう) **酸欠(酸素欠乏症)**
英語	エノキシア Anoxia
中国語	チュエ ヤーン(チュエ ヤーン ジュヨン) 缺氧（缺氧症）
ベトナム語	ティエウ オシー (チエウ チュン サーイ ザー キー ティエウ オシー) Thiếu ôxy (triệu chứng xảy ra khi thiếu ôxy)
ポルトガル語	ファルタ デ オキシジェニオ(ヒポーキシア) Falta de oxigênio (hipóxia)
ネパール語	オキシザンコ カミ(オキシザン カム フネ ログ) अक्सिजनको कमी (अक्सिजन कम हुने रोग)
タイ語	パーワ カート オクシヂェン ภาวะขาดออกซิเจน
インドネシア語	ククランガン オクシゲン Kekurangan oksigen
タガログ語	カクラガン ナン オキシジェン (アノキシャ) Kakulangan ng oxygen (Anoxia)
クメール語	アカラッ クヴァッ オキシゼン អាការៈខ្វះអុកស៊ីសែន
ミャンマー語	アウッシジイン ピェッチン(アウッシジイン マロンラウッユェッ アテッシュチェットー ラカナ) အောက်စီဂျင်ပျက်ခြင်း (အောက်စီဂျင်မလုံလောက်၍အသက်ရှူကျပ်သောလက္ခဏာ)

Chûdoku

ちゅうどく
中毒

英語	ポイズニング Poisoning
中国語	ジョーン ドゥ 中毒
ベトナム語	ゴ ドック Ngộ độc
ポルトガル語	イントキシカサウン Intoxicação
ネパール語	ビス ラゲコ विष लागेको
タイ語	サンパス トゥーク ピット สัมผัสถูกพิษ
インドネシア語	クラチュナン Keracunan
タガログ語	パグカラソン Pagkalason
クメール語	カーポル ការពុល
ミャンマー語	アセッ テインチン အဆိပ်သင့်ခြင်း

	Bakuhatsubutsu ばくはつぶつ **爆発物**
英語	エクスプローセブス Explosives
中国語	バオ ジャア ウー ピン 爆炸物品
ベトナム語	チャット ガーイ ノー Chất gây nổ
ポルトガル語	マテリアウ エスプロジーボ Material explosivo
ネパール語	ビスフォタク パダルタ विस्फोटक पदार्थ
タイ語	ワットゥ ラブート วัตถุระเบิด
インドネシア語	バハン プルダッ(ク) Bahan peledak
タガログ語	マンガ パンパサボッグ Mga pampasabog
クメール語	サーロティアッ プトッ សារធាតុផ្ទុះ
ミャンマー語	パウックェーテットー ピィッシー ပေါက်ကွဲတတ်သောပစ္စည်း

Kanenbutsu

かねんぶつ
可燃物

英語	カムバステバルス Combustibles
中国語	コーァ ゥラン ウー 可燃物
ベトナム語	チャット ガーイ チャーイ Chất gây cháy
ポルトガル語	マテリアウ インフラマーベウ Material inflamável
ネパール語	ズオランシル バステゥ ज्वलनशील बस्तु
タイ語	ワットゥ ワイ ファイ วัตถุไวไฟ
インドネシア語	ムダ(ハ) トゥルバカール Mudah terbakar
タガログ語	マンガ バーガイ ナ マダリング マグリヤッブ Mga bagay na madaling magliyab
クメール語	ヴァト ギエイ チェッ វត្ថុងាយឆេះ
ミャンマー語	ミーラウンルェートー ピィッシー မီးလောင်လွယ်သောပစ္စည်း

Ⅱ. 事故の型・疾病・危険有害要因

	Inkasei いんかせい 引火性
英語	フレーマボル Flammable
中国語	チイ ホオ シーン 起火性
ベトナム語	ティン ザン ルア Tính dẫn lửa
ポルトガル語	インフラマビリダデ Inflamabilidade
ネパール語	プラズオランシル バステゥ प्रज्वलनशील बस्तु
タイ語	ティット ファイ ガーイ ติดไฟง่าย
インドネシア語	ムダ(ハ) ムニャラ Mudah menyala
タガログ語	マダリング マグニンガス Madaling magningas
クメール語	ギエイ ボンコー アキペイ ងាយបង្កអគ្គីភ័យ
ミャンマー語	ミースエーナイントー မီးစွဲနိုင်သော

Kayakurui

火薬類（かやくるい）

英語	イクスプローシブス Explosives
中国語	ホオ ヤオ レイ 火药类
ベトナム語	ロアイ トゥオック ノー Loại thuốc nổ
ポルトガル語	エスプロジーボス Explosivos
ネパール語	バルド बारूद
タイ語	ワットゥ プラペート ディン プーン วัตถุประเภทดินปืน
インドネシア語	ジュニス プルダッ(ク) Jenis peledak
タガログ語	マンガ エクスプローシボ Mga eksplosibo
クメール語	ロムセウ រំសេវ
ミャンマー語	パウックェールエートー アミョーアサー ပေါက်ကွဲလွယ်သောအမျိုးအစား

Ⅱ. 事故の型・疾病・危険有害要因

Kihatsusei

きはつせい
揮発性

英語	バレトゥル Volatile
中国語	ホゥイ ファー シーン 挥发性
ベトナム語	ティン バーイ ホイ Tính bay hơi
ポルトガル語	ボラチリダデ Volatilidade
ネパール語	バスピカラン フネ バステゥ बाष्फीकरण हुने बस्तु
タイ語	ラハーイ ガーイ ระเหยง่าย
インドネシア語	フォランティタス Volatilitas
タガログ語	マダリンґ スミンガウ Madaling sumingaw
クメール語	サーロティアッ ハウ សារធាតុហើរ
ミャンマー語	アグェッピェインテットー အငွေ့ပြန်တတ်သော

	Yûgaibutsu ゆうがいぶつ 有害物
英語	ハームフル　サブテンズ Harmful substance
中国語	ヨウ ハイ ウー ピン 有害物品
ベトナム語	チャット　コー　ハイ Chất có hại
ポルトガル語	マテリアウ　トーシコ Material tóxico
ネパール語	ハニカラク　パダルタ हानिकारक पदार्थ
タイ語	ワットゥ　アンタラーイ วัตถุอันตราย
インドネシア語	スブスタンシ　ブルババハヤ Substansi berbahaya
タガログ語	マンガ　バーガイ　ナ　ナカピピンサラ Mga bagay na nakapipinsala
クメール語	サーロティアッ　クロタナッ សារធាតុគ្រោះថ្នាក់
ミャンマー語	ティッカイッテットー　ピィッシー ထိခိုက်တတ်သောပစ္စည်း

	Yûkiyôzai ゆうきようざい **有機溶剤**
英語	オガニック ソゥベント Organic solvent
中国語	ヨウ ジー ゥローン ジー 有机溶剂
ベトナム語	ズン モイ ヒウ コー Dung môi hữu cơ
ポルトガル語	ソウベンチ オルガーニコ Solvente orgânico
ネパール語	ザイビク ゴランシル バステゥ जैविक घोलनशील बस्तु
タイ語	サーン ララーイ インシー สารละลายอินทรีย์
インドネシア語	プラルッ(ト) オルガニッ(ク) Pelarut organik
タガログ語	オルガニコンッ パントゥーナウ Organikong pantunaw
クメール語	サーロティアッ ロムリエイ セレイリエン សារធាតុរំលាយសរីរាង្គ
ミャンマー語	オガンニッ ピョーイェー အော်ဂန်းနစ်ဖျော်ရည်

	Kôon jôki こうおんじょうき **高温蒸気**
英語	ハイ テンプチャー スティーム High temperature steam
中国語	ガオ ウエン ジュヨン チイ 高温蒸气
ベトナム語	ホイ ヌオック ニエット ド カオ Hơi nước nhiệt độ cao
ポルトガル語	バポー エン アウタ テンペラトゥーラ Vapor em alta temperatura
ネパール語	ウッチャ タプクラムコ バフ उच्च तापक्रमको बाफ
タイ語	アイ ナーム ウナハプーム スーン ไอน้ำอุณหภูมิสูง
インドネシア語	ウアッ(プ) スフ ティンギ Uap suhu tinggi
タガログ語	シンガウ ナ マタアス アン テンペラチャー Singaw na mataas ang temperatura
クメール語	チョムハーイ クダウ ចំហាយក្តៅ
ミャンマー語	アプーチェインミィン イェーヌエーグェッ အပူချိန်မြင့်ရေနွေးငွေ့

	Kôatsu gasu こうあつがす **高圧ガス**
英語	プレッシェライズド　ガス Pressurized gas
中国語	ガオ ヤー チイ ティー 高压气体
ベトナム語	キー　カオ　アップ Khí cao áp
ポルトガル語	ガス　ソビ　アウタ　プレサウン Gás sob alta pressão
ネパール語	ウッチァ　チァプ　ギャス उच्च चाप ग्याँस
タイ語	ゲース　レーン　ダン　スーン แก๊สแรงดันสูง
インドネシア語	ガス　トゥカナン　ティンギ Gas tekanan tinggi
タガログ語	ガス　ナ　マタアス　アン　プレション Gas na mataas ang presyon
クメール語	ウスマン　ソンピアッ　クポッ ឧស្ម័នសម្ពាធខ្ពស់
ミャンマー語	ピアーミィン　デッグエッ ဖိအားမြင့်ဓာတ်ငွေ့

	Kôatsu denryû こうあつでんりゅう **高圧電流**
英語	ハイ　ボルテンジ　カレント High-voltage current
中国語	ガオ ヤー ディエン 高压电
ベトナム語	ゾン　ディエン　カオ　アップ Dòng điện cao áp
ポルトガル語	アウタ　ボウタージェン Alta voltagem
ネパール語	ウッチァ　ビッデゥト　プラバハ उच्च विद्युत प्रवाह
タイ語	ファイファー　レーン　スーン ไฟฟ้าแรงสูง
インドネシア語	アルス　トゥガンガン　ティンギ Arus tegangan tinggi
タガログ語	クリエンテング　マタアス　アン　ボルタヘ Kuryenteng mataas ang boltahe
クメール語	チャロン　アキサニー　サトン　ション　クポッ ចរន្តអគ្គិសនីសតង់ស្យុងខ្ពស់
ミャンマー語	ボッアーミィン　リエッシー ဗို့အားမြင့်လျှပ်စီး

—CO—	Issankatanso いっさんかたんそ 一酸化炭素
英語	カーボン　モノクサイド Carbon monoxide
中国語	イー ヤーン ホワ タン 一氧化碳
ベトナム語	キー　カック　ボン Khí Các bon
ポルトガル語	モノーキシド　デ　カルボーノ Monóxido de carbono
ネパール語	カルボンモノオキサイド कार्वनमोनोअक्साईड
タイ語	カーボーン　モノークサイ คาร์บอนมอนอกไซด์
インドネシア語	カルボン　モノクシダ Karbon monoksida
タガログ語	カーボン　モノキサイド Carbon monoxide
クメール語	カーボーンモノー　オキシッ កាបូនម៉ូណូអុកស៊ីត
ミャンマー語	カーボンモナウッサイッ ကာဗွန်မိုနောက်ဆိုဒ်

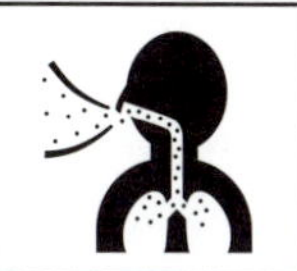	Funjin ふんじん **粉じん**
英語	フロティング ダスト Floating dust
中国語	フェン チェン 粉尘
ベトナム語	ブイ Bụi
ポルトガル語	ポエイラ Poeira
ネパール語	デゥロ ラ カン धूलो र कण
タイ語	フン ラオーン ฝุ่นละออง
インドネシア語	ドゥブ Debu
タガログ語	ピーノング アリカボック Pinong alikabok
クメール語	コムテイ ピアック ラアッ កម្ទេចភាគល្អិត
ミャンマー語	アモンアムァー အမှုန်အမွှား

	Sôon そうおん 騒音
英語	ノイズ Noise
中国語	ザオ イン 噪音
ベトナム語	ティエン　オン Tiếng ồn
ポルトガル語	バルリョ　インテンソ Barulho intenso
ネパール語	ディニ　プラデゥサン ध्वनि प्रदुषण
タイ語	シアン　ダン เสียงดัง
インドネシア語	クビシンガン Kebisingan
タガログ語	インガイ Ingay
クメール語	ソムレーン　ロムカーン សម្លេងរំខាន
ミャンマー語	スーニャンテン ဆူညံသံ

	Shindô しんどう **振動**
英語	バイブレィション Vibration
中国語	ジェンドーン 振动
ベトナム語	ズン Rung
ポルトガル語	ビブラソエンス Vibrações
ネパール語	カンパン कम्पन
タイ語	サン　サトゥアン สั่นสะเทือน
インドネシア語	グタラン Getaran
タガログ語	パンニンニニグ Panginginig
クメール語	ロムニョア រំញ័រ
ミャンマー語	トンカーチン တုန်ခါခြင်း

	Hôshasen ほうしゃせん 放射線
英語	レディエイション Radiation
中国語	フゥ ショーァ 辐射
ベトナム語	ティア　フォン　サ Tia phóng xạ
ポルトガル語	ハジアサウン Radiação
ネパール語	レディオ　ビキラン रेडियो विकरण
タイ語	ランシー รังสี
インドネシア語	ラディアシ Radiasi
タガログ語	ラジャション Radyasyon
クメール語	ヴィチュサカム វិទ្យុសកម្ម
ミャンマー語	デッヤウンチー ဓာတ်ရောင်ခြည်

Ⅲ. 安全衛生一般

Anzen daiichi

あんぜんだいいち

安全第一

英語	セイフティ　ファースト Safety First
中国語	アン チュエン ディー イー 安全第一
ベトナム語	アン　トアン　ラー　チェン　ヘット An toàn là trên hết
ポルトガル語	セグランサ　エン　プリメイロ　ルガー Segurança em primeiro lugar
ネパール語	スラクチャ　パヒロ　プラタミクタ सुरक्षा पहिलो प्राथमिकता
タイ語	プロートパイ　ワイ　ゴーン ปลอดภัยไว้ก่อน
インドネシア語	ウタマカン　クスラマタン Utamakan keselamatan
タガログ語	カリグタサン　ムナ Kaligtasan muna
クメール語	サヴァタピアップ　チア　チョンボーン សុវត្ថិភាពជាចម្បង
ミャンマー語	ロンチョンム　ナンベッティッ လုံခြုံမှုနံပါတ်တစ်

Kiken yochi

きけんよち

危険予知(KY)

英語	リスク プレデクション Risk prediction
中国語	フオン シエン ユイ ツォーァ 风险预测
ベトナム語	ズ ドアン グーイ ヒエム Dự đoán nguy hiểm
ポルトガル語	プレベンサウン デ アシデンチス Prevenção de acidentes
ネパール語	ゾキム プルバヌマン जोखिम पूर्वानुमान
タイ語	ガーン カータガーン パイ アンタラーイ การคาดการณ์ภัยอันตราย
インドネシア語	プレディクシ バハヤ Prediksi bahaya
タガログ語	パグタヤ ナン パガーニップ Pagtaya ng panganib
クメール語	カー プシアコー オンピー クロタナッ ការព្យាករណ៍អំពីគ្រោះថ្នាក់
ミャンマー語	アンダレ チョテイン テイシム(KY) အန္တရာယ်ကြိုတင်သိရှိမှု(KY)

Ⅲ. 安全衛生一般

Zerosai

ぜ ろ さい
ゼロ災

英語	ジロ アクシデンツ Zero accidents
中国語	リーン ザイ ハイ 零灾害
ベトナム語	コン タイ ナン Không tai nạn
ポルトガル語	ゼロ アシデンチス Zero acidentes
ネパール語	ビパド スニャ विपद शुन्य
タイ語	ウバティヘート ペン スーン อุบัติเหตุเป็นศูนย์
インドネシア語	クチェラカアン ノル Kecelakaan nol
タガログ語	セロング アクシデンテ Serong aksidente
クメール語	クロタナッ ソーン គ្រោះថ្នាក់សូន្យ
ミャンマー語	マトータサム トンニャ မတော်တဆမှုသုည

Rôdôsaigai

労働災害（ろうどうさいがい）

英語	インダストリアル　アクシデント	Industrial accident
中国語	ゴーン シャーン	工伤
ベトナム語	タイ　ナン　ラオ　ドン	Tai nạn lao động
ポルトガル語	アシデンチ　デ　トラバリョ	Acidente de trabalho
ネパール語	サラム　デゥルガタナ	श्रम दुर्घटना
タイ語	パイ　アンタラーイ　チャーク　ガーン　タムガーン	ภัยอันตรายจากการทางาน
インドネシア語	クチェラカアン　クルジャ	Kecelakaan kerja
タガログ語	アクシデンテ　サ　トラバーホ	Aksidente sa trabaho
クメール語	クロタナッ　カーギア	គ្រោះថ្នាក់ការងារ
ミャンマー語	アロッタマー　テイッカイッム	အလုပ်သမားထိခိုက်မှု

Ⅲ. 安全衛生一般

Fuanzen kôdô

ふあんぜんこうどう

不安全行動

英語	アンセイフ　ビヘイビア Unsafe behavior
中国語	ブゥ アン チュエン シーン ウエイ 不安全行为
ベトナム語	ハン　ドン　コン　アン　トアン Hành động không an toàn
ポルトガル語	アチトゥジ　インセグラ Atitude insegura
ネパール語	アスラクチト　ガティビディ असुरक्षित गतिविधि
タイ語	ガーン　グラタム　ティー　マイ　プロートパイ การกระทำที่ไม่ปลอดภัย
インドネシア語	プリラク　ティダッ(ク)　アマン Perilaku tidak aman
タガログ語	ヒンディ リグタス　ナ　キロス Hindi ligtas na kilos
クメール語	サカマピアップ　アッサヴァタピアップ សកម្មភាពអសុវត្ថិភាព
ミャンマー語	マロンチョントー　アピュアム မလုံခြုံသောအပြုအမူ

Fuanzen jôtai

ふあんぜんじょうたい

不安全状態

英語	アンセイフ　クンディションズ Unsafe conditions
中国語	ブゥ アン チュエン ジュワーン タイ 不安全状态
ベトナム語	ティン　チャン　コン　アン　トアン Tình trạng không an toàn
ポルトガル語	コンジサウン　インセグラ Condição insegura
ネパール語	アスラクチト　アバスタ असुरक्षित अवस्था
タイ語	サパーワ　ティー　マイ　プロートパイ สภาวะที่ไม่ปลอดภัย
インドネシア語	コンディシ　ティダッ(ク)　アマン Kondisi tidak aman
タガログ語	ヒンディ　リグタス　ナ　カラガヤン Hindi ligtas na kalagayan
クメール語	スターナピアップ　アッサヴァタピアップ ស្ថានភាពអសុវត្ថិភាព
ミャンマー語	マロンチョントー　アチェーアネー မလုံခြုံသောအခြေအနေ

Ⅲ. 安全衛生一般

Sagyôshuninsha

さぎょうしゅにんしゃ
作業主任者

英語	アペレーションズ　チーフ Operations Chief
中国語	ズゥオ イエ ジュウ ゥレン 作业主任
ベトナム語	グオイ　チウ　チャック　ニエム　コン　ヴェック Người chịu trách nhiệm công việc
ポルトガル語	ヘスポンサーベウ　ペラ　オペラサウン Responsável pela operação
ネパール語	オペレーション　チーフ अपरेशन चिफ
タイ語	フアナー　ガーン หัวหน้างาน
インドネシア語	チフ　オペラシ Chief operasi
タガログ語	タガパマハラ　ナン　オペラション Tagapamahala ng operasyon
クメール語	プロティアン　カーギア ប្រធានការងារ
ミャンマー語	ロッガン　ジィージェットゥー လုပ်ငန်းကြီးကြပ်သူ

Sagyôshikisha

作業指揮者
(さぎょうしきしゃ)

英語	アペレーション リーダー Operation Leader
中国語	ズゥオ イエ ジー ホゥイ 作业指挥
ベトナム語	グオイ チー ヒゥーイ コン ヴェック Người chỉ huy công việc
ポルトガル語	コンドゥトール ダ オペラサウン Condutor da operação
ネパール語	スパルバイザル सुपरभाइजर
タイ語	プー クム ガーン ผู้คุมงาน
インドネシア語	リーダル オペラシ Leader operasi
タガログ語	タガパムノ ナン オペラション Tagapamuno ng operasyon
クメール語	ネアック ダッ ノアム カーギア អ្នកដឹកនាំការងារ
ミャンマー語	ロッガン ニュンジャートゥー လုပ်ငန်းညွှန်ကြားသူ

Sagyôtejunsho
さぎょうてじゅんしょ
作業手順書

英語	ジョーブ　インストラクション　シート Job instruction sheet
中国語	ズゥオ イエ ブゥ ジョウ シュウ 作业步骤书
ベトナム語	ソー　ターイ　チーン　トゥ　コン　ヴェック Sổ tay trình tự công việc
ポルトガル語	マヌアウ　デ　オペラサウン Manual de operação
ネパール語	カリャ　サンパダン　ビディ　ニルデシカ कार्य सम्पादन बिधि निर्देशिका
タイ語	クー　ムー　カントーン　ガーン　タムガーン คู่มือขั้นตอนการทำงาน
インドネシア語	ルンバル　インストルクシ　クルジャ Lembar instruksi kerja
タガログ語	マンワル　ナン　オペラション Manwal ng operasyon
クメール語	アエカサー　スデイ　オンピー　ロムダップ　ロムダオイ　カーギア ឯកសារស្ដីអំពីលំដាប់លំដោយការងារ
ミャンマー語	ロッガン　ロッサウンム　アシンッシンッ　ランニュン လုပ်ငန်းလုပ်ဆောင်မှုအဆင့်ဆင့်လမ်းညွှန်

Teiki tenken

定期点検

ていきてんけん

英語	ピリオディク　インスパクション Periodic inspection
中国語	ディーン チイ ジエン チャア 定期检查
ベトナム語	キエム　チャー　ディン　キー Kiểm tra định kỳ
ポルトガル語	マヌテンサウン　ペリオージカ Manutenção periódica
ネパール語	アビディク　ニチクチェン आवधिक निरीक्षण
タイ語	ガーン　トルワット　ソープ　ターム　ガムノット　ウェラー การตรวจสอบตามกาหนดเวลา
インドネシア語	インスペクシ　ブルカラ Inspeksi berkala
タガログ語	レグラル　ナ　インスペクション Regular na inspeksyon
クメール語	カー　トゥルオッ　ピヌッ ការត្រួតពិនិត្យជាប្រចាំ
ミャンマー語	ポンマン　シッセーチン ပုံမှန်စစ်ဆေးခြင်း

英語	インスパクション　パイア　トゥ　アプレイション Inspections prior to operation
中国語	ズゥオ イエ チエン ジエン チャア 作业前检查
ベトナム語	キエム　チャー　チョック　キー　バット　ダウ　コン　ヴェック Kiểm tra trước khi bắt đầu công việc
ポルトガル語	インスペサウン　プレ　オペラサウン Inspeção pré-operação
ネパール語	カリャ　プルバ　ニリクチェン कार्य पूर्व निरीक्षण
タイ語	ガーン　トルワット　ソープ　ゴーン　ルーム　ガーン การตรวจสอบก่อนเริ่มงาน
インドネシア語	インスペクシ　スブルム　オペラシ Inspeksi sebelum operasi
タガログ語	インスペクション　バーゴ　ナン　オペラション Inspeksyon bago ng operasyon
クメール語	カー　トゥルオッ　ピヌッ　モン　チャプダウム　カーギア ការត្រួតពិនិត្យមុនចាប់ផ្តើមការងារ
ミャンマー語	ロッガンマサミ　シッセーチン လုပ်ငန်းမစမီစစ်ဆေးခြင်း

Anzen patorôru

あんぜんぱとろーる

安全パトロール

英語	セイフティ パトロゥ Safety patrol
中国語	アン チュエン シュイン チャア 安全巡查
ベトナム語	トゥアン チャー ダム バオ アン トアン Tuần tra đảm bảo an toàn
ポルトガル語	パトゥルーリア デ セグランサ Patrulha de segurança
ネパール語	スラクチャ ガスティ सुरक्षा गस्ती
タイ語	ガーン トルワットトラー クワーム プロートパイ การตรวจตราความปลอดภัย
インドネシア語	パトロリ クスラマタン Patroli keselamatan
タガログ語	パトローリャン パンカリグタサン Patrolyang pangkaligtasan
クメール語	カー ダウ ロバーッ ピヌッ サヴァタピアップ ការដើរល្បាតពិនិត្យសុវត្ថិភាព
ミャンマー語	ロンチョンム レッペッ シッセーチン လုံခြုံမှုလှည့်ပတ်စစ်ဆေးခြင်း

Ⅲ. 安全衛生一般

Hiyarihatto

ひやりはっと
ヒヤリハット

英語	ベーリー アボイディド アクシデント／ネア ミス アクシデント Barely avoided accident / Near miss accident
中国語	イン ホワン 隐患
ベトナム語	トット ティム、ザット ミン （ス コー ゾー コン アン トアン） Thót tim, giật mình (Sự cố do không an toàn)
ポルトガル語	クアゼ アシデンチ Quase-acidente
ネパール語	ザンダイ デゥルガトナ ジウ ナイ シリンガ झण्डै दर्घटना। जीउ नै सिरिङ्ग
タイ語	チヤット ウバティヘート เฉียดอุบัติเหตุ
インドネシア語	ニャリス クチェラカアン Nyaris kecelakaan
タガログ語	ムンティック ムンティッカング アクシデンテ Muntik-muntikang aksidente
クメール語	コムホッ トゥヴェー プロヘッ កំហុសធ្វេសប្រហែស
ミャンマー語	アンダレマ ティティレー ルッチン အန္တရာယ်မှသီသီလေးလွတ်ခြင်း

Hô・Ren・Sô (Hôkoku・Renraku・Sôdan)

ほ う・れ ん・そ う (ほ う こ く・れ ん ら く・そ う だ ん)

報・連・相（報告・連絡・相談）

英語	リポーティング・コンダクティング・エンド・ケンサルティング Reporting, contacting, and consulting
中国語	バオ ガオ・リエン ルオ・ズー シュイン 报告・联络・咨询
ベトナム語	ホー レン ソウ (バオ カオ・リエン ラック・ホイ) Ho-ren-so (Báo cáo - Liên lạc - Hỏi)
ポルトガル語	ヘポルター コムニカー コンスルター Reportar - Comunicar - Consultar
ネパール語	ホウ レン ソウ (ザナカリ、サンパルカ、サッラハ) होउ, रेन, सो (जानकारी, सम्पर्क, सल्लाह)
タイ語	ホーーレンーソー(ラーイガーンーティット トーープルクサー) โฮ-เร็น-โซ (รายงาน-ติดต่อ-ปรึกษา)
インドネシア語	ムラポール、ムンフブンギ ダン コンスルタシ Melapor, menghubungi dan konsultasi
タガログ語	パグウウーラット、パキキパグウグナヤン、パキキパグコンスルタ Pag-uulat, pakikipag-ugnayan, pakikipagkonsulta
クメール語	リエイカー / トムネアッ トムノーン / ピクロッ ヨボル របាយការណ៍ · ទំនាក់ទំនង · ពិគ្រោះយោបល់
ミャンマー語	アシインカン、アチャウンジャー、スェーヌェータインピン(アシインカンチン、アチャウンジャーチン、スェーヌェータインピンチン) အစီရင်ခံ၊ အကြောင်းကြား၊ ဆွေးနွေးတိုင်ပင် (အစီရင်ခံခြင်း၊ အကြောင်းကြားခြင်း၊ ဆွေးနွေးတိုင်ပင်ခြင်း)

Tomeru・Yobu・Matsu

止める・呼ぶ・待つ

(とめる・よぶ・まつ)

英語	スタップ, カゥ エンド ウェイト Stop, call and wait
中国語	ティーン ジー・ホゥ ジアオ・ドゥオン ダイ 停止・呼叫・等待
ベトナム語	ズン・ゴイ・チョー Dừng - Gọi - Chờ
ポルトガル語	パラー・シャマー・エスペラー Parar - Chamar - Esperar
ネパール語	ロクネ、ボラウネ、パルカネ रोक्ने, बोलाउने, पर्खने
タイ語	ユット・リヤック・ロー หยุด-เรียก-รอ
インドネシア語	ストッ(プ)、パンギル ダン トゥング Stop, panggil dan tunggu
タガログ語	フミント、トゥマワッグ、マグヒンタイ Huminto, Tumawag, Maghintay
クメール語	ボンチョップ・ハウ・ロンチャム បញ្ឈប់ · ហៅ · រង់ចាំ
ミャンマー語	イェッタンチン・コーチン・サウチン ရပ်တန့်ခြင်း၊ ခေါ်ခြင်း၊ စောင့်ခြင်း

Yubisashi kosyô

ゆびさしこしょう
指差し呼称

英語	ポイント　エンド　カウ Point and call
中国語	ジー チャア チュエ ゥレン 指差确认
ベトナム語	チー　ターイ　ホー　タン　ティエン Chỉ tay hô thành tiếng
ポルトガル語	アポンター　エ　ファラー Apontar e falar (shisa kanko)
ネパール語	アウラレ　デカイ　ナム　ラ　アバスタ　バヌネ औंलाले देखाई नाम र अवस्था भन्ने
タイ語	チー　ニウ　レ　カーン　オーク　シアン ชี้นิ้วและขานออกเสียง
インドネシア語	ムルジュッ(ク)　ダン　ムニュブッ(ト)カン Menunjuk dan menyebutkan
タガログ語	パグトゥーロ　アット　パグサビ　ナン　パンガーラン　(ナン　ガミット) Pagturo at pagsabi ng pangalan (ng gamit)
クメール語	チョンオル　ヌン　ボンチェン　ソムレーン ចង្អុលនិងបញ្ចេញសម្លេង
ミャンマー語	レッニョーニュンユエッ　アタントエッ　シッセーチン လက်ညှိုးညွှန်၍အသံထွက်စစ်ဆေးခြင်း

Chôrei/Shigyôzenmîteingu

ちょうれい／しぎょうぜんみーてぃんぐ

朝礼／始業前ミーティング

英語	モーニン　ミーティン／スターラップ　ミーティン Morning meeting / Start-up meeting
中国語	ザオ ホゥイ／バン チエン ホゥイ イー 早会／班前会议
ベトナム語	ホップ　ブオイ　サン／ホップ　チョック　キー　バット　ダウ　コン　ヴェック Họp buổi sáng/ Họp trước khi bắt đầu công việc
ポルトガル語	ヘウニアウン　ダ　マニャ・ヘウニアウン　プレ　オペソエンス Reunião da manhã/Reunião pré-operações
ネパール語	ビハナコ　ミティング／カム　スル　フヌ　アギコ　ミティング बिहानको मिटिङ्ग /काम सुरु हुनु अघिको मिटिङ्ग
タイ語	プラチュム　カオ／プラチュム　ゴーン　ルーム　ガーン ประชุมเช้า/ประชุมก่อนเริ่มงาน
インドネシア語	ミッティング　パギ／ミッティング　スブルム　クルジャ Meeting pagi/meeting sebelum kerja
タガログ語	パグププーロン　サ　ウマガ　/　パグププーロン　バーゴ　マグシムラ　ナン　トラバーホ Pagpupulong sa umaga / Pagpupulong bago magsimula ng trabaho
クメール語	カープロチュン　ペール　プルッ　/　カープロチュン　モン　チャプダウム　カーギア ការប្រជុំពេលព្រឹក/ការប្រជុំមុនចាប់ផ្តើមការងារ
ミャンマー語	マネキン　ノックンセッチン／ロガン　マサミ　シーウエーチン မနက်ခင်းနှုတ်ခွန်းဆက်ခြင်း၊ လုပ်ငန်းမစမှီစည်းဝေးခြင်း

Anzensôchi

安全装置（あんぜんそうち）

英語	セイフティ ドゥバイス Safety device
中国語	アン チュエン ジュワーン ジー 安全装置
ベトナム語	ティエット ビ アン トアン Thiết bị an toàn
ポルトガル語	エキパメントス デ セグランサ Equipamentos de segurança
ネパール語	スラクチャ ウパカラン सुरक्षा उपकरण
タイ語	ウパゴーン ニラパイ อุปกรณ์นิรภัย
インドネシア語	プランカッ(ト) プンガマン Perangkat pengaman
タガログ語	アパラートンッ パンカリッタサン Aparatong pangkaligtasan
クメール語	ウパコー サヴァタピアップ ឧបករណ៍សុវត្ថិភាព
ミャンマー語	ロンチョンイェー サウンユェッム လုံခြုံရေးဆောင်ရွက်မှု

Hijô(kinkyû)teishibotan
ひじょう(きんきゅう)ていしぼたん
非常(緊急)停止ボタン

英語	イマジェンシー　スタップ　バトゥン Emergency stop button
中国語	ジン ジー ティーン ジー アン ニウ 紧急停止按钮
ベトナム語	ヌット　ズン　バット　トゥオン(カン　カップ) Nút dừng bất thường (khẩn cấp)
ポルトガル語	ボタン　デ　インテフピサウン　デ　エメルジェンシア(ウルジェンシア) Botão de interrupção de emergência (urgência)
ネパール語	アパトカリン(アカスミク)ロクネ　バァタン आपतकालिन(आकस्मिक) रोक्ने बटन
タイ語	プム　ユット　チュクチューン ปุ่มหยุดฉุกเฉิน
インドネシア語	トンボル　ストッ(プ)　ダルラッ(ト) Tombol stop darurat
タガログ語	ピンドゥタン　パラ　サ　エマージェンシーストップ Pindutan para sa emergency stop
クメール語	ボートン　チョイ　ボンチョップ　ペール　アソン(ボントアン) ប៊ូតុងចុចបញ្ឈប់ពេលអាសន្ន(បន្ទាន់)
ミャンマー語	アイェーポー(アリンアミャン)イェッタンイェー　カロッ အရေးပေါ် (အလျှင်အမြန်)ရပ်တန့်ရေးခလုတ်

Gâdo/Anzensaku

がーど／あんぜんさく

ガード／安全柵

英語	ガードゥ／セイフティ　フェンス Guard / safety fence
中国語	ファーン ホゥ ラン／アン チュエン ラン ジャア 防护栏／安全栏栅
ベトナム語	タム　バオ　ヴェ／ザオ　アン　トアン Tấm bảo vệ / rào an toàn
ポルトガル語	セルカ　デ　プロテサウン・セグランサ Cerca de proteção/segurança
ネパール語	ガード／スラクチャ　バル गार्ड/सुरक्षा बार
タイ語	クルアン　ガン／ルア　ポーンガン เครื่องกั้น/รั้วป้องกัน
インドネシア語	パガール　プンガマン Pagar pengaman
タガログ語	パナビン／バコッド　ナ　パンカリグタサン Panabing / Bakod na pangkaligtasan
クメール語	ロボーン　ポアッ　/　ロボーン　サヴァタピアップ របងព័ទ្ធ/របងសុវត្ថិភាព
ミャンマー語	アカーアクェー／ロンチョンイェーチェンシーヨー အကာအကွယ်/လုံခြုံရေးခြံစည်းရိုး

Anzen kabâ

あんぜんかばー

安全カバー

英語	セイフティ カバー Safety cover
中国語	アン チュエン ジャオ 安全罩
ベトナム語	ヴォー ボック アン トアン Vỏ bọc an toàn
ポルトガル語	カパ デ セグランサ Capa de segurança
ネパール語	スラクチャ カァバル सुरक्षा कभर
タイ語	ウパゴーン クルム ポーンガン อุปกรณ์คลุมป้องกัน
インドネシア語	トゥトゥッ(プ) プンガマン Tutup pengaman
タガログ語	タキップ ナ パンカリグタサン Takip na pangkaligtasan
クメール語	コムロープ サヴァタピアップ គម្របសុវត្ថិភាព
ミャンマー語	ロンチョンイェー アポン လုံခြုံရေးအဖုံး

Intârokku

いんたーろっく

インターロック

英語	インターロック Interlock
中国語	リエン スゥオ ジュワーン ジー 联锁装置
ベトナム語	コァ リエン ドオン Khóa liên động
ポルトガル語	トラバ デ セグランサ(インターロック) Trava de segurança (interlock)
ネパール語	インタァルロック इन्टरलक
タイ語	ラボップ インターロック ระบบอินเตอร์ล็อค
インドネシア語	インテルロッ(ク) Interlock
タガログ語	インターロック Interlock
クメール語	プロポアン サヴァタピアップ スヴァーイプロヴォアッ ប្រព័ន្ធសុវត្ថិភាពស្វ័យប្រវត្តិ
ミャンマー語	インターロッ အင်တာလော့ခ်

Kôsenshikianzensôchi

こうせんしきあんぜんそうち

光線式安全装置

英語	フォトゥエレクトロニック　セイフティ　ドゥバイス Photoelectronic safety device
中国語	グワーン シエン シー アン チュエン ジュワーン ジー 光线式安全装置
ベトナム語	ティエット　ビ　アン　トアン　ザン　クアン Thiết bị an toàn dạng quang
ポルトガル語	エキパメントス　デ　ルース　デ　セグランサ Equipamento de luz de segurança
ネパール語	オピティカル　スラクチャ　ウパカラン अप्टिकल सुरक्षा उपकरण
タイ語	ウパゴーン　ニラパイ　プラペート　セーン　レーザー อุปกรณ์นิรภัยประเภทแสงเลเซอร์
インドネシア語	プランカッ(ト)　プンガマン　フォトエレクトロニッ(ク) Perangkat pengaman fotoelektronik
タガログ語	アパラートン　パンカリグタサン　ナ　フォトエレクトロニック Aparatong pangkaligtasan na photoelectronic
クメール語	ウパコー　サヴァタピアップ　ダオイ　プラウ　カム　レアックスマイ ឧបករណ៍សុវត្ថិភាពដោយប្រើកាំរស្មី
ミャンマー語	レーサーサニッ　ロンチョンイェー　カリヤ　テッシンターム လေဆာစနစ်လုံခြုံရေးကိရိယာတပ်ဆင်ထားမှု

Ryôtesôsashikianzensôchi

りょうてそうさしきあんぜんそうち

両手操作式安全装置

英語	トゥーハンディッド セイフティ ドゥバイス Two-handed safety device
中国語	シュワーン ショウ ツァオ ズゥオ シー アン チュエン ジュワーン ジー 双手操作式安全装置
ベトナム語	ティエット ビ アン トアン ザン ハイ ターイ Thiết bị an toàn dạng hai tay
ポルトガル語	エキパメント デ セグランサ ビマヌアウ Equipamento de segurança bimanual
ネパール語	デゥバイ ハト プラヨグ スラクチャ ウパカラン दुबै हात प्रयोग सुरक्षा उपकरण
タイ語	ウパゴーン ニラパイ プラペート クワップクム ドゥワイ ソーン ムー อุปกรณ์นิรภัยประเภทควบคุมด้วยสองมือ
インドネシア語	プランカッ(ト) プンガマン ドゥア タンガン Perangkat pengaman dua tangan
タガログ語	アパラートン パンカリグタサン ナ ギナガミタン ナン ダラワンヶ カマイ Aparatong pangkaligtasan na ginagamitan ng dalawang kamay
クメール語	ウパコー サヴァタピアップ ダオイ プラウ ダイ テアン ピー ឧបករណ៍សុវត្ថិភាពដោយប្រើដៃទាំងពីរ
ミャンマー語	レッナペットンサニッ ロンチョンイェーカリヤ テッシンターム လက်နှစ်ဖက်သုံးစနစ်လုံခြုံရေးကိရိယာတပ်ဆင်ထားမှု

索　引

■　あ　■

■　か　■

■ た・な ■

■ は ■

■　ま・や・ら　■

ローマ字索引